# So wird es gemacht:

Öffne das LÜK®-Kontrollgerät und lege die Plättchen in den unbedruckten Deckel! Jetzt kannst du auf den Plättchen und auf dem Geräteboden die Zahlen 1 bis 24 sehen.

**Beispiel:** Seite 2
**Bilder aus der Vergangenheit**
Nimm das Plättchen 1 und sieh dir Aufgabe 1 an und suche das passende Bild dazu. Es ist das Bild mit der Zahl **23**.
Die **23** ist auch die Feldzahl im Kontrollgerät, auf die du das Plättchen legen musst. Lege also das Plättchen 1 auf das Feld **23** im Geräteboden! Die Zahl **1** muss nach oben zeigen.

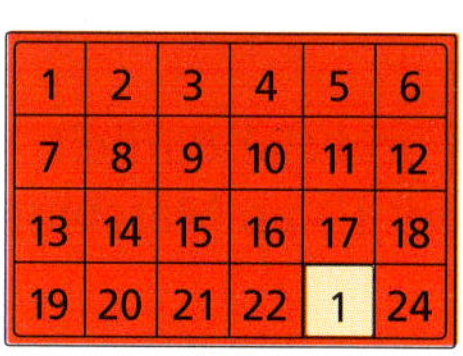

So musst du weiterarbeiten, bis alle Plättchen im Geräteboden liegen. Schließe dann das Gerät und drehe es um! Öffne es von der Rückseite! Wenn du das bei der Übungsreihe abgebildete Kontrollmuster siehst, hast du alle Aufgaben richtig gelöst.

Passen einige Plättchen nicht in das Muster, dann hast du dort Fehler gemacht. Drehe diese Plättchen da, wo sie liegen, um, schließe das Gerät, drehe es um, und öffne es wieder!
Jetzt kannst du sehen, welche Aufgaben du falsch gelöst hast. Nimm diese Plättchen heraus und suche die richtigen Ergebnisse! Kontrolliere dann noch einmal! Stimmt jetzt das Muster?
Das System ist für alle Übungen dasselbe: Die roten Aufgabennummern im Heft entsprechen immer den LÜK-Plättchen aus dem Kontrollgerät. Die Zahlen hinter den Lösungen sagen dir, auf welche Felder des Kontrollgerätes du die Plättchen legen musst.
Auf einigen Seiten ist die Kontrolle bereits nach Lösungen der Aufgaben 1 bis 12 oder 13 bis 24 möglich. Diese Seiten erkennt man an der Abbildung der geteilten Kontrollmuster.

**Und nun viel Spaß!**

Dieses Papier wurde aus chlorfrei gebleichtem Zellstoff hergestellt

## Bilder aus der Vergangenheit

*Sag mal, wie alt bist du eigentlich? Lass mich raten – 11, 12 oder 13 Jahre alt? Kannst du dir vorstellen, dass die Erde vor etwa sechs Milliarden Jahren (Wie viele Nullen hat die Zahl eigentlich?) entstanden ist und dass erst vor zwei bis drei Millionen Jahren Menschen auftauchten? Willst du etwas darüber herausfinden, musst du Kriminalist sein, Fuchs und Fährtensucher. Aber Kollegen unter sich helfen einander natürlich – und ich, Kommissar Knifflich, werde dich durch das Heft begleiten.*
*Hier siehst du ein paar „Schnappschüsse" von ganz früher bis heute. Was passt zusammen? Suche zu jedem Satz das richtige Bild!*

24 19 21 14

1 Die Menschen der Altsteinzeit waren Jäger und Sammler.
2 Die ägyptischen Herrscher wurden Pharaonen genannt.
3 Die Chinesische Mauer ist das einzige vom Mond aus sichtbare Bauwerk.
4 Aus dem alten Griechenland kommen die Olympischen Spiele. Laufen gehört zu den ältesten Disziplinen.
5 Römische Legionäre bewachten den Limes, die Grenzbefestigung zwischen dem Römischen Reich und Germanien.
6 Auf Turnieren kämpften die Ritter im Mittelalter um Ehre und Preis.
7 Kolumbus ging 1492 in Lateinamerika an Land; sein Schiff hieß Santa Maria.
8 Vor der Industriellen Revolution gab es nur Heim- und Handarbeit.
9 Danach arbeiteten Männer, Frauen und auch Kinder (!) an Maschinen in Fabriken.
10 1933 übernahm Hitler in Deutschland die Macht; nur zwölf Jahre später lag Europa in Trümmern.
11 Der Astronaut Neil Armstrong betrat im Jahre 1969 als erster Mensch den Mond.
12 Die Berliner Mauer teilte seit 1961 diese Stadt und zwei deutsche Staaten; 1989 wurde Wiedervereinigung gefeiert.

13
15
16
18
23
17
22
20

## Wer findet was?

*Da die Menschen erst seit ein paar tausend Jahren schreiben, müssen wir die Vergangenheit aus Fundstücken zusammenpuzzeln. Und beim Finden hilft uns oft der Zufall, wenn eine Baugrube ausgebaggert wird oder ein Bauer sein Feld pflügt. Welche Gegenstände findest du in unserem verschütteten Brunnen?*

*Jedes Fundstück in unserem Brunnen enthält seinen eigenen historischen „Fingerabdruck". Diese „Fingerabdrücke" können von Spezialisten enträtselt werden. Lies erst, was die Spezialisten tun und beginne dann mit dem Zuordnen.*

| | |
|---|---|
| Archäologe: | macht Ausgrabungen und wertet Funde aus. |
| Numismatiker: | klärt Alter und Herkunft von Münzen. |
| Chemiker: | untersucht Material und Alter, zum Beispiel Holz mit der C14-Methode (mit Radioaktivität). |
| Heraldiker: | kennt sich mit der Bedeutung von Wappenfarben und -tieren aus. |
| Anthropologe: | untersucht Lebensbedingungen von Menschen, aber auch menschliche Skelette. |
| Sprachwissenschaftler: | kann an der Sprache das Alter von Schriften feststellen oder auch Sprachen analysieren. |
| Historiker: | stellt viele Informationen anderer „Geschichtsspezialisten" zusammen. |

**Wer findet etwas heraus über ...?**

| **Fundstück** | **Beruf** | **Beruf** |
|---|---|---|
| 13 Kieferknochen | Sprachwissenschaftler 15 | Anthropologe 17 |
| 14 Zinnbecher mit Wappen | Anthropologe 22 | Heraldiker 15 |
| 15 Knüppeldamm | Chemiker 13 | Numismatiker 18 |
| 16 Tonschale | Archäologe 18 | Historiker 14 |
| 17 Urkundenrolle | Anthropologe 21 | Historiker 22 |
| 18 Ring | Archäologe 14 | Sprachwissenschaftler 24 |
| 19 Münzen | Heraldiker 16 | Numismatiker 21 |
| 20 Kästchen mit Runenschrift | Sprachwissenschaftler 24 | Anthropologe 20 |
| 21 Steinfigur | Archäologe 20 | Chemiker 13 |
| 22 Handschrift | Numismatiker 23 | Historiker 16 |
| 23 Holzlöffel | Sprachwissenschaftler 19 | Chemiker 23 |
| 24 Knochenkamm | Heraldiker 17 | Archäologe 19 |

## Du als Spurensucher

*Natürlich kannst du auch selbst ohne Schaufel auf Spurensuche in deiner Umgebung gehen. Geh mal durch eure Wohnung oder durch deine Stadt und überleg, ob dir manche Dinge vielleicht ein Stück Geschichte erzählen können.*

Zu Weihnachten gibt es einen Weihnachtsbaum, das ist doch klar. Das ist Tradition.
1

Ein Goethe- und Schiller-Denkmal steht in Weimar, der Stadt, die du besucht hast. Im Lexikon liest du, dass sie Dichter waren.
11

Das Straßenschild erzählt dir, dass hier im Mittelalter die Bäckerzunft zu Hause war.
10

Die Spitzbögen der Fenster und Türen sagen dir, dass dies eine gotische und keine romanische (Rundbogen!) Kirche ist.
12

Der Verlauf der Stadtmauer zeigt dir, wie klein deine Stadt früher war.
9

Was kannst du an einem Fachwerkhaus oft entdecken? Das Baujahr.
7

*Nun noch etwas „technisches“ Handwerkszeug für den Geschichtsdetektiv. Man muss sich ja schließlich mit den Fachbegriffen auskennen.*

7 Du kannst an Hand von .........., zum Beispiel Werkzeugen und Waffen, den technischen Fortschritt erkennen.

8 Gemälde, Zeichnungen und Fotos geben dir als .......... Auskunft über das Leben und Aussehen der Menschen.

9 Historiker beschäftigen sich oft mit Büchern, Urkunden etc., also mit ..........

10 Textquellen findest du in aller Regel in einem ..........

11 In einem .......... kannst du neben Sachquellen auch Bildquellen betrachten.

12 Über Vorstellungen früherer Generationen erfährst du etwas aus Erzählungen und ..........

*Ordne zu:*

Museum 4

Bildquellen 3

Archiv 2

Sachquellen 5

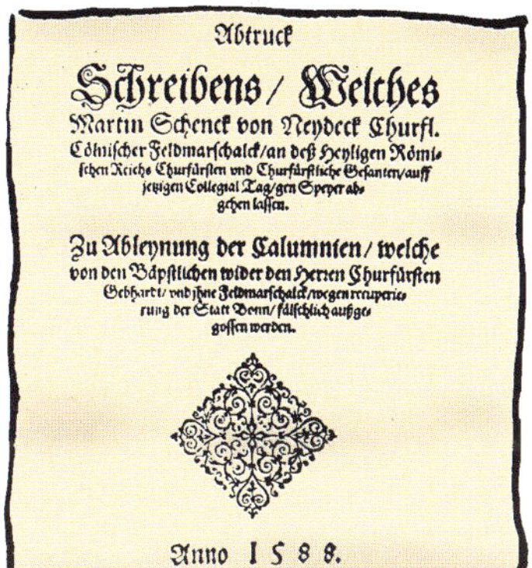

Abtruck
Schreibens / Welches
Martin Schenck von Neydeck Churfl. Cölnischer Feldmarschalck/an deß Heyligen Römischen Reichs Churfürsten vnd Churfürstliche Gesanten/auff jetzigen Collegial Tag/gen Speyer abgehen lassen.
Zu Ableynung der Calumnien/welche von den Bäpstlichen wider den Herren Churfürsten Gebhardt/vnd jhne Feldmarschalck/wegen recuperierung der Statt Bonn/fälschlich außgegossen werden.
Anno 1588.

Textquellen 8

Sagen 6

## Als ich so alt war wie du

*Wofür interessiert man sich, welche Musik hört man, wenn man etwa 12 Jahre alt ist? Frag doch mal deine Eltern und Großeltern.*
*Über welches Jahr und über welche Ereignisse berichten die Vier?*
*Hier ist leider einiges in Unordnung geraten. Kannst du die Sache richtig stellen?*
*Finde zu jeder Person die passende Jahreszahl, den richtigen Bericht und den jeweiligen „Schnappschuss", und zwar in **dieser** Reihenfolge!*

*Der Großvater (geboren 1932) erzählt:*

„Als ich so alt war wie du, im Jahr [13] , waren schlimme Zeiten mit Bombenalarm und vielen Toten. Es war der [14] . In unserer Freizeit trafen wir uns regelmäßig zum Dienst in der Hitlerjugend [15] ."

*Die Großmutter, die fünf Jahre jünger ist, berichtet:*

„Als ich so alt war wie du, im Jahr [16] , passierte etwas ganz Wichtiges. Die Besatzungszeit war zu Ende, das Grundgesetz trat in Kraft [17] . Und noch etwas Aufregendes: Du kennst doch Tante Lotti, meine Schwester, und Onkel Karl. Die beiden standen – ich weiß es noch wie heute – einen Tag vor Weihnachten mit einem Rucksack spät abends vor unserer Tür. Sie waren ‚von drüben' abgehauen [18] ."

*Der Vater, dessen Eltern eben erzählt haben, wurde 1963 als Sechsjähriger eingeschult. Er erzählt:*

„Als ich so alt war wie du, im Jahr [19] , gab es tolle Musik – ein Jahr vorher war Woodstock. Es war die Zeit der [20] . Ich bin sogar einmal bis drei oder vier Uhr morgens aufgeblieben und habe im Fernsehen eine Sensation gesehen [21] !

13 – 24

1 – 12

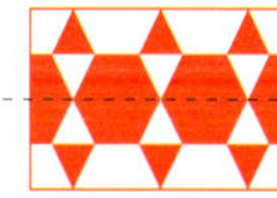

*Die Mutter, die 28 Jahre jünger ist als ihr Schwiegervater, erzählt:*

„Als ich so alt war wie du, im Jahr 22 , gab es viel Aufregung wegen der Anschläge der 23 . Aber auch an München kann ich mich gut erinnern: unsere Sportler gewannen viele Medaillen 24 ."

Gründung der Bundesrepublik Deutschland (18)

1944 (21)

Terroristen (15)

Hippiebewegung (16)

1969 (17)

1949 (22)

1972 (24)

Zweite Weltkrieg (23)

19

14

13

20

## Wegweiser durch die Geschichte

*Wie lange kann sich die Menschheit insgesamt „zurückerinnern"? Etwa 3 Millionen Jahre! Also, ich sage dir, wenn man sich da zurechtfinden will, braucht man einen Plan, viele Bücher – oder Wegweiser!*

**Wo geht's bitte zu welcher „-geschichte"?**

*Um dir zu helfen habe ich mich der Zeit entsprechend verkleidet.
Zu welchem Wegweiser gehöre ich?*

7

vorgestern – heute

8

3.000 v. Chr. – 600 n. Chr.

12

600 n. Chr. – 1492

5

50.000 – 3.000 v. Chr.

9

1492 – 1945

10

3 Millionen – 50.000 v. Chr.

*Jetzt wollen wir einige Zeitabschnitte genauer unter die Lupe nehmen. Hinweisschilder habe ich dir aufgestellt. Da wir über die Urgeschichte zu wenig wissen, fangen wir mit der Vor- und Frühgeschichte an. Ein Tipp unter Kollegen: Die Zeiteinteilung von dort an wird nach dem Material für Waffen und Werkzeuge benannt. Wohin gehöre ich jeweils?*

*Jetzt frage ich dich als Detektiv: Welche Behauptung ist richtig?*

10 In der Altsteinzeit benutzten die Menschen a) Metallschwerter 2/ b) Faustkeil oder Keule 6.

11 In der Jungsteinzeit wurden die Menschen a) sesshaft als Bauern 2/ b) zogen umher als Jäger und Sammler 4.

12 In der Bronzezeit stellten die Menschen Waffen und Werkzeuge her a) aus Knochen und Stein 6/ b) aus einer Mischung von Kupfer und Zinn 4.

*Übrigens: Wir Menschen heute leben in der **Eisenzeit**! Warum? Überleg mal!*

## Wie sich die Menschen entwickelt haben

*Das älteste bekannte Skelett (ca. drei Millionen Jahre alt!) wurde in Ostafrika gefunden. Es wurde von seinen Entdeckern „Lucy“ genannt – nach einem Song von den Beatles. Unten haben wir nun vier Phantombilder von unseren Ur-Ur-Ur-Ahnen. Diese sind nach dem Alter, also den Entwicklungsstufen geordnet und benannt. Du hast jetzt die harte Nuss zu knacken, für diese Menschentypen jeweils die richtige Schädelform, das Gehirnvolumen und das Werkzeug zu finden. Ein Tipp dazu: Es fing alles sehr einfach an! Wer ist also wer, Herr Kommissar?*

**Urmensch:**
3 – 1,5 Millionen Jahre v. Chr., Knochenfunde in Ost- und Südafrika

**Frühmensch:**
1,5 Millionen – 300.000 v. Chr., Knochenfunde in Ost- und Mittelasien, Europa

**Altmensch:**
300.000 – 40.000 v. Chr., Knochenfunde in China, Eurasien, West- und Mitteleuropa

**Jetztmensch:**
40.000 v. Chr. bis heute, Knochenfunde in allen Kontinenten

**Schädelformen**

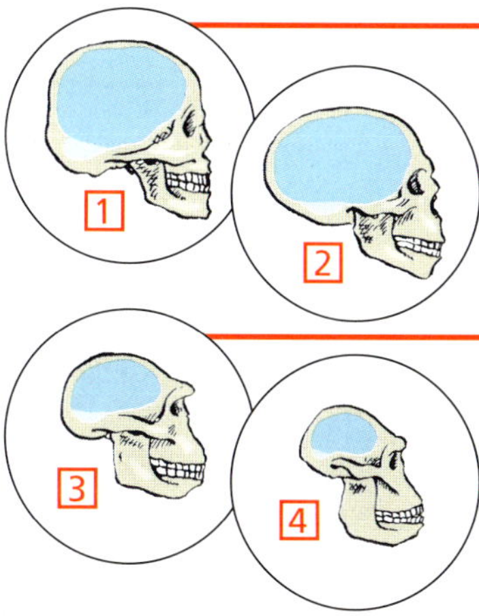


**Gehirnvolumen**

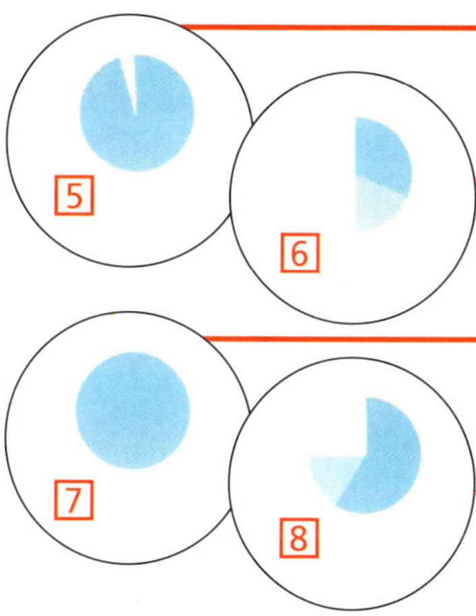


**Werkzeuge und Waffen**

| Urmensch | Frühmensch | Altmensch | Jetztmensch |
|---|---|---|---|
| 1 | 6 | 4 | 5 |
| 4 | 10 | 1 | 6 |
| 10 | 4 | 6 | 2 |
| 6 | 1 | 10 | 8 |
| 8 | 2 | 12 | 10 |
| 2 | 8 | 9 | 12 |
| 12 | 3 | 8 | 4 |
| 3 | 12 | 7 | 3 |
| 9 | 11 | 3 | 1 |
| 11 | 9 | 5 | 7 |
| 5 | 7 | 2 | 11 |
| 7 | 5 | 11 | 9 |

## Aus dem Speisezettel unserer Vorfahren

*Mmh, jeden Tag ein saftiges Mammutsteak – nicht schlecht! Das hätten die Menschen früher sicherlich auch gern gehabt. Aber ein großes Beutetier jagen dauerte oft tagelang – und es war gefährlich! Und außer Fleisch gab es auch Pflanzliches zu essen. Was ist richtig?*

1 Mammut 19
Säbelzahntiger 21

2 Höhlenlöwe 24
Höhlenbär 21

3 Bison 24
Wollnashorn 8

4 Hirsch 8
Elch 5

5 Hering 22
Lachs 5

6 Wildpferd 22
Zebra 15

7 Rind 13
Elch 15

8 Steinbock 13
Ziege 11

9 Wildbirne 11
Waldquitte 18

10 Höhlenpflaume 2
Holzapfel 18

11 Flachs 2
Raps (Ölpflanzen) 16

12 Weizen 7
Gerste 16

13 Hafer 9
Einkorn 7

14 Erbse 9
Bohne 23

15 Hagebutte 20
Schlafmohn 23

16 Weizen 20
Mais 19

## Das Rentier – nicht nur ein Fleischlieferant

*Hatten unsere Vorfahren das Glück, ein Rentier zu erlegen, wurde es buchstäblich mit Haut und Haaren (und Knochen) verwertet, um notwendige Alltagsdinge daraus herzustellen. Finde jetzt heraus, aus welchen Teilen was hergestellt wurde.*

Braten, Suppe 17
Spitzen für Speer und Harpune 4
Messer, Dolch mit Griff 12
Kleidung, Zelt 6

Nähnadeln, Nadelbehälter 1
Gemüse aus Renmoos 3
Beutel 10
Schnüre, Nähgarn 14

## Leben in einem jungsteinzeitlichen Dorf

*Kannst du dir vorstellen, wie die Menschen vor – sagen wir mal – 5000 Jahren in Nordeuropa gelebt haben? Ich denke, es ist am besten, wenn wir ihnen einen kleinen Besuch abstatten. Die Menschen der Jungsteinzeit lebten in Dorfgemeinschaften zusammen, wo viele unterschiedliche Dinge zu erledigen waren, jeder aber seine Aufgabe hatte. Schau dir das Bild genau an und fülle dann die Lücken im Text.*

Fuhrwerk 24

Jagd 16

Hirte 13

Tongefäße 20

Pflugs 18

Fachwerkhaus 19

Rohwolle 21

Webstuhl 23

Harpune, Netz und Angel 15

Backofen 22

Steinaxt 17

Zaun 14

1 Aus .......... werden Fäden gesponnen.

2 .......... werden für die Nahrung getöpfert.

3 Am .......... entsteht aus der gesponnenen Wolle Stoff.

4 Im .......... unter freiem Himmel wird Brot gebacken.

5 Mit der selbst gefertigten .......... wird Bauholz zugehauen.

6 Einige Männer bauen ein .........., das an mittelalterliche Häuser erinnert.

7 Der .......... hütet mit dem Hund, dem ersten Haustier, das Vieh.

8 Neue Gerätschaften für das Fischen waren ..........

9 Als Transportmittel diente schon das .......... .

10 Durch die Erfindung des .......... wurde der Getreideanbau möglich.

11 Die .......... spielte eine geringere Rolle als in der Altsteinzeit.

12 Das Dorf wurde mit einem geflochtenen .......... befestigt.

# Von den ältesten Städten und Staaten

*Bisher habe ich dir immer mit Erklärungen geholfen. Jetzt allerdings kommen wir zu einem Punkt in der Geschichte, wo die Gelehrten auch nicht recht weiterwissen: weshalb nämlich in einer Zeit, als in weiten Teilen der Welt die Menschen in kleinen Stammesgruppen lebten, an einigen Orten richtige Staaten entstanden, sogenannte Hochkulturen, und das fast gleichzeitig.*

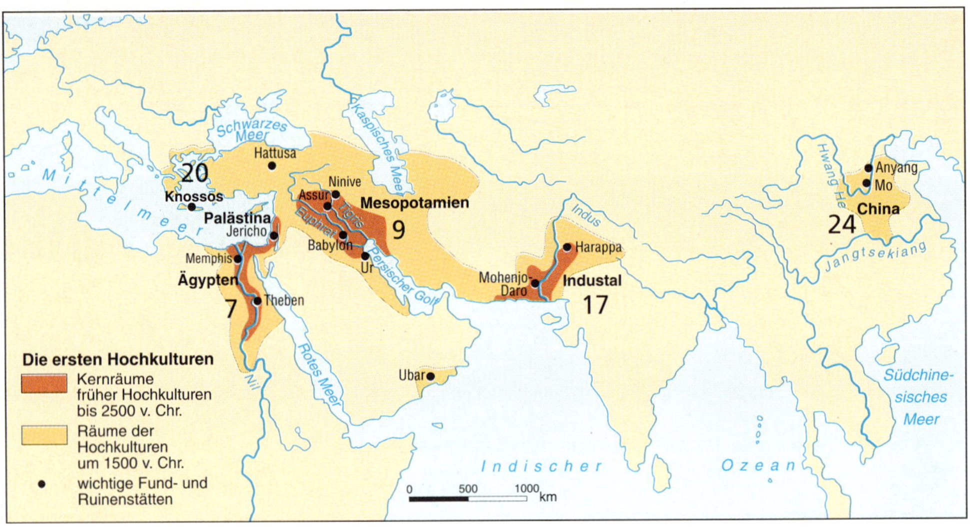


*Ordne die Länderbezeichnungen den Ziffern in der Karte zu:*

[1] Ägypten  [2] Mesopotamien  [3] China  [4] Kreta  [5] Indien

*Woran, fragst du nun, erkenne ich denn eigentlich Hochkulturen? Nun, hier bekommt der Detektiv ein paar Hinweise, aber die richtigen „Spuren" muss er selbst finden!*

In den frühen Hochkulturen …

[6] … war das Leben organisiert a) in einem Staat 22 b) in Horden 15.
[7] … regierte a) ein Sippenältester 13 b) ein Alleinherrscher 15.
[8] … lebten die Menschen a) in Dörfern 11 b) in Städten 13.
[9] … baute man a) steinerne Paläste 11 b) Fachwerkhäuser 6.
[10] … entstand a) die Sprache 2 b) die Schrift 6.
[11] … a) konnte man schon bis „10" zählen 4 b) entstand die Rechenkunst 2.
[12] … wurden Gesetze a) aufgeschrieben 4 b) mündlich weitergegeben 22.

*Hier ist einiges in Unordnung geraten. Welches Bild gehört zu welchem Namen?*

Stufentempel von Ur 23

Palast von Knossos 3

Tor von Ischtar (Babylon) 21

Pyramide 19

Befestigung von Mohenjo-Daro 12

Stadtmauer von Ninive 8

*Finde nun heraus, wo diese Bauwerke liegen. Ein Kollegentipp: Sieh dabei auf die Karte.*

| | | | | |
|---|---|---|---|---|
| 19 | Pyramiden | China 1 | oder | Ägypten 16 |
| 20 | Tor von Ischtar | Kreta 10 | | Mesopotamien 1 |
| 21 | Stadtmauer von Ninive | Mesopotamien 5 | | Kreta 18 |
| 22 | Palast von Knossos | Ägypten 14 | | Kreta 10 |
| 23 | Befestigung von Mohenjo-Daro | Ägypten 16 | | Indien 14 |
| 24 | Stufentempel von Ur | Mesopotamien 18 | | China 5 |

# Besuch im alten Ägypten

*Lass es dir vom alten Kommissar Knifflich gesagt sein:*
*Die acht Zeichnungen rechts liefern dir wichtige Informationen über Ägypten (könnte nützlich sein!).*
*Finde unten erst den richtigen Begriff (zum Beispiel [1] = 15) und dann auf der rechten Seite das passende Bild (zum Beispiel [2] = 13)!*

Der Nil war und ist die Lebensader Ägyptens. Einmal im Jahr, im Juni, gibt es eine [1] ...... der Ufer; fruchtbarer Nilschlamm bleibt zurück. [2]
Mit Hilfe eines [3] ......, der sich nach der Sonne richtete, konnten die Ägypter die Nilschwelle berechnen. [4]
Um die Überschwemmung für den Ackerbau gut auszunutzen, wurden [5] ...... gebaut. [6]
Nach jeder Überschwemmung mussten die Felder neu vermessen werden. Mit den Maßen „Elle" und „Fuß" wurden Quadrate gebildet; dies war der Anfang der [7] ...... . [8]
Es gab gute und schlechte Erntejahre. Für schlechte Zeiten wurden deshalb staatliche [9] ...... für Vorräte gebaut. [10]
Ohne ihre Schrift, die [11] ......, und ohne Zahlen hätten die Ägypter ihr großes Reich gar nicht verwalten können. [12]
Die ägyptischen Herrscher wurden in prächtigen Grabbauten, den [13] ...... bestattet. [14]
Die Ägypter glaubten an ein Weiterleben nach dem Tode. Die Toten wurden deshalb sorgfältig gewaschen, gesalbt und mit Leinenstreifen umwickelt.
Man nennt sie [15] ...... . [16]

Pyramiden 21

Deiche und Kanäle 5

Geometrie 1

Mumien 23

Getreidespeicher 17

Hieroglyphen 4

Kalenders 18

Überschwemmung 15

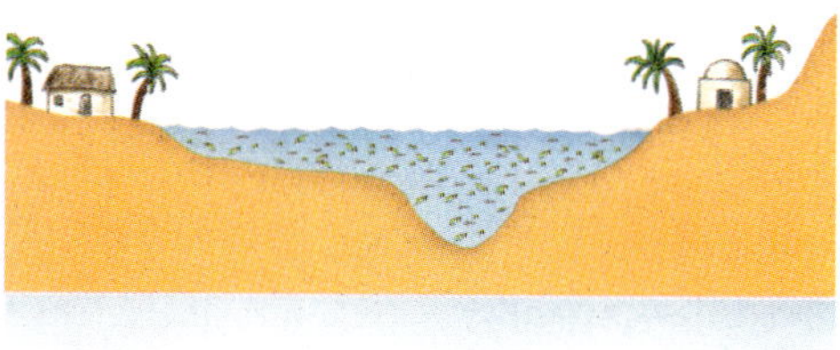

13

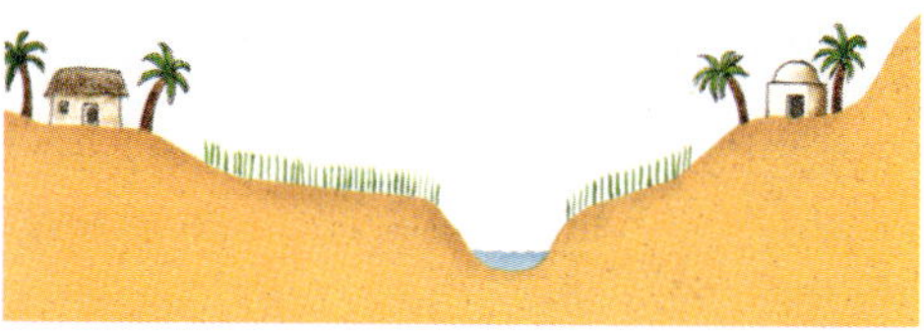

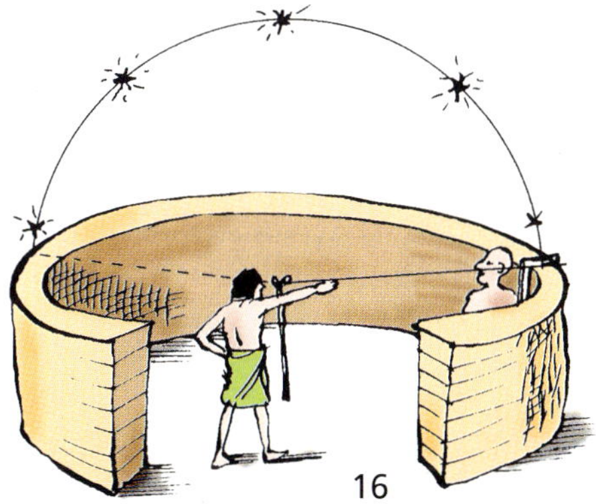

16

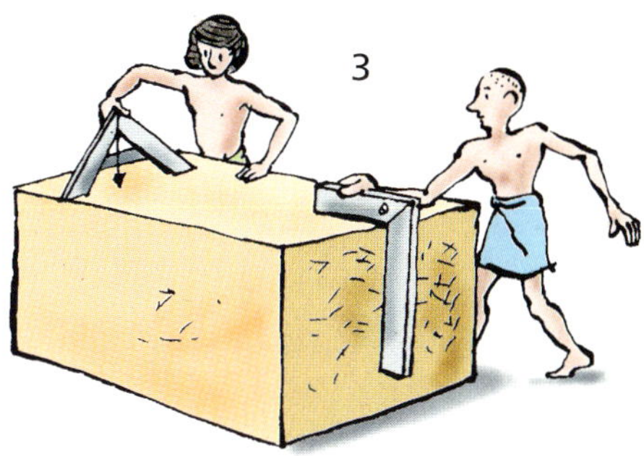

3

14

22

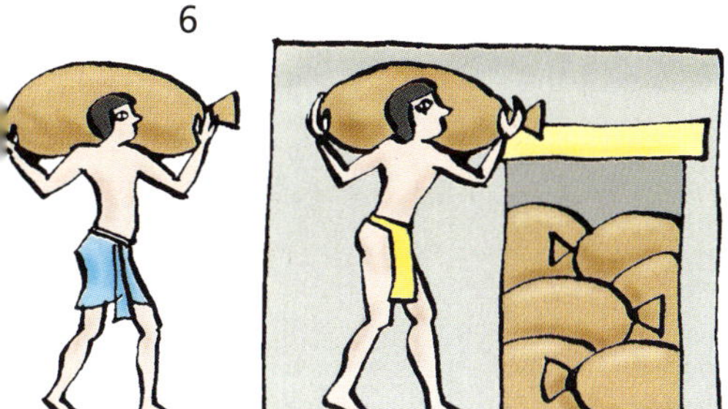

6

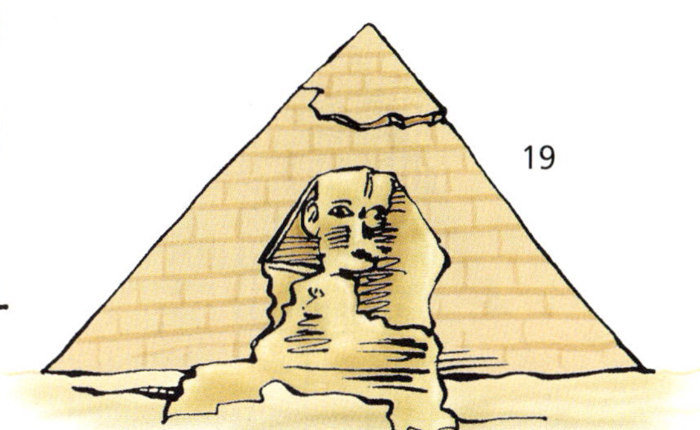

19

2

## Wer tat was im alten Ägypten?

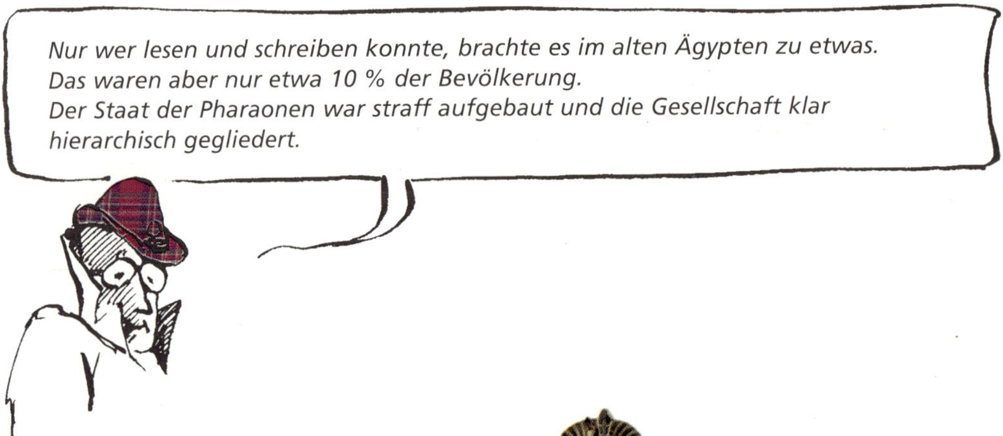

17 Der .......... war alleiniger Besitzer aller Güter und die Ägypter waren seine Untertanen.
18 Der zweite Mann im Staat war der .......... Als Chef aller Ministerien wachte er auch über den Bau der Pyramiden.
19 Die .......... nutzten als Transportmittel meistens das Schiff. Versorgung und Handel waren zunächst staatlich organisiert.
20 Die .......... waren rechtlos und konnten für jede Arbeit eingesetzt werden. Häufig waren sie Kriegsgefangene.
21 Zu den reichsten und mächtigsten Männern im Staat gehörten die ..........; sie verwalteten die Schriftrollen mit den magischen „Gottesworten".
22 Die .......... gehörten zu der Gruppe der Gebildeten. Sie überwachten die Steuereinnahmen, zählten das Vieh und verwalteten die Getreidespeicher.
23 Die .......... waren häufig Angestellte der staatlichen Verwaltung oder der Tempel. Sie wurden mit Unterkunft und Nahrungsmitteln bezahlt.
24 Die .......... bearbeiteten den Boden. Das Saatgut erhielten sie vom Staat, mussten dafür aber den größten Teil ihrer Ernte dem Pharao abgeben.

*Setze die fehlenden Worte in den Text.*

Pharao 7

Wesir 24

Priester 11

Beamten und Schreiber 20

Sklaven 9

Fellachen (Bauern) 12

Händler 8

Handwerker 10

## Lies „ägyptisch"

*Füge die Begriffe in die Sätze ein:*

1 Die ägyptische Schrift besteht aus ...........
2 Sie waren zunächst ........... und galten als magische „Gottesworte".
3 Die Bildzeichen sind den Bereichen ..........., Gegenstände und Alltagssituationen entnommen.
4 Der ........... ergibt sich aus der Blickrichtung der Zeichen, also rechts, links oder oben.
5 Schriftzeichen findet man auf Gegenständen, an Tempeln, besonders aber auf ...........
6 Die Hieroglyphen wurden mit ........... aus Schilfrohr geschrieben.

Hieroglyphen 5

Rußtinte und Schreibpinsel 4

heilige Bildzeichen 3

Zeilenanfang 6

Mensch und Tier 2

Papyrusrollen 13

*Und jetzt ein kleiner Geschicklichkeitstest für dich: Wo ist der Zeilenanfang folgender Hieroplyphen? Wohin ist der Blick gerichtet?*

7
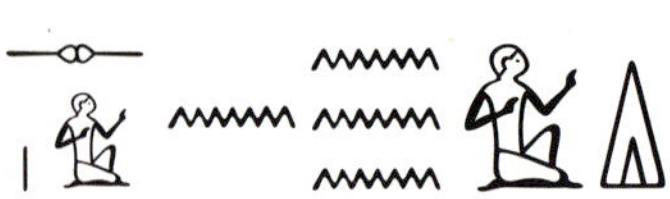
Ich gebe dem Mann Wasser

Zeilenfang links 1
Zeilenanfang rechts 10

8

Der Schreiber betet die Götter an

Zeilenanfang rechts 14
Zeilenanfang links 17

*Und noch ein kleiner Test: Was bedeuten diese Hieroglyphen?*
*Genau hinsehen und dann überlegen!*

9
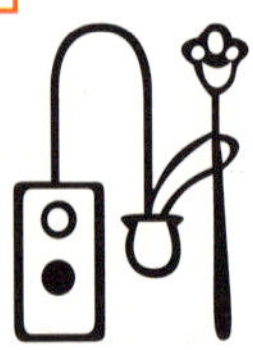
sehen 18
schreiben 1
gehen 15

10
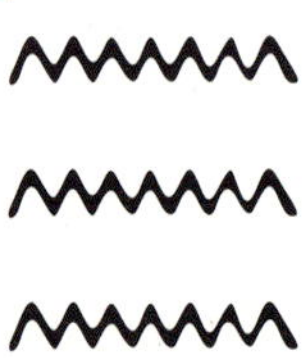
Kamm 1
Hügel 10
Wasser 14

11
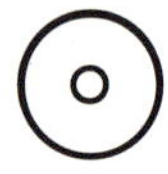
Hut 9
Sonne 18
Spiegelei 1

12
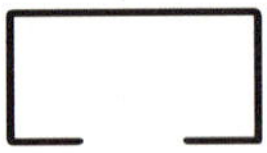
Hof 14
Haus 9
Schild 10

## Pyramiden – ganz schön knifflig

*Wenn man sich zum Beispiel die Cheops-Pyramide ansieht, versteht man schon, dass die Pyramiden zu den sieben Weltwundern des Altertums gehörten. Hier findest du eine Reihe von Angaben zur Cheops-Pyramide, davon ist natürlich immer nur a) oder b) richtig. Dann kniffle mal schön!*

13 Der Grundriss ist a) dreieckig 6 b) quadratisch 11.

14 Die Höhe der Pyramide beträgt a) 146 m 16 b) 98 m 7.

15 Die Seitenlänge misst a) 150 m 12 b) 230 m 7.

16 Die Bauzeit wird auf etwa a) 60 Monate 21 b) 20 Jahre 12 geschätzt.

17 Es wurden a) 2 Millionen Kalksteinblöcke 21 b) 750.000 Kalksteinblöcke 8 verbaut.

18 Jeder dieser Steine wog a) 250 kg 22 b) 2500 kg 8.

19 In der Pyramide hätten a) 14.000 Drei-Zimmer-Wohnungen 22 b) 4.000 Drei-Zimmer-Wohnungen 23 Platz.

20 Im Inneren der Pyramide befanden sich a) Grabkammern 23 b) Festsäle 19.

21 Es wurde mit Hilfe von a) Rollhölzern, Steinschutt und Sand 19 b) Kränen und Flaschenzügen 15 gebaut.

22 Die Steine wurden a) von Ochsen 24 b) von Menschen 15 gezogen.

23 Die behauenen Steine a) wurden mit Mörtel verfugt 20 b) passten fugenlos aufeinander 24.

24 Die Steinblöcke wurden a) auf dem Schiffsweg 20 b) auf dem Landweg 11 zur Baustelle geschafft.

# Den Kelten auf der Spur

*Jetzt werde ich dich in eine andere Ecke der Weltgeschichte führen, in das Europa der Bronze- und Eisenzeit. Dort treffen wir auf die Kelten. Sie waren Meister der Schmiedekunst und der Töpferei. Nachfahren der Kelten finden wir heute noch in einigen Gebieten Westeuropas.*

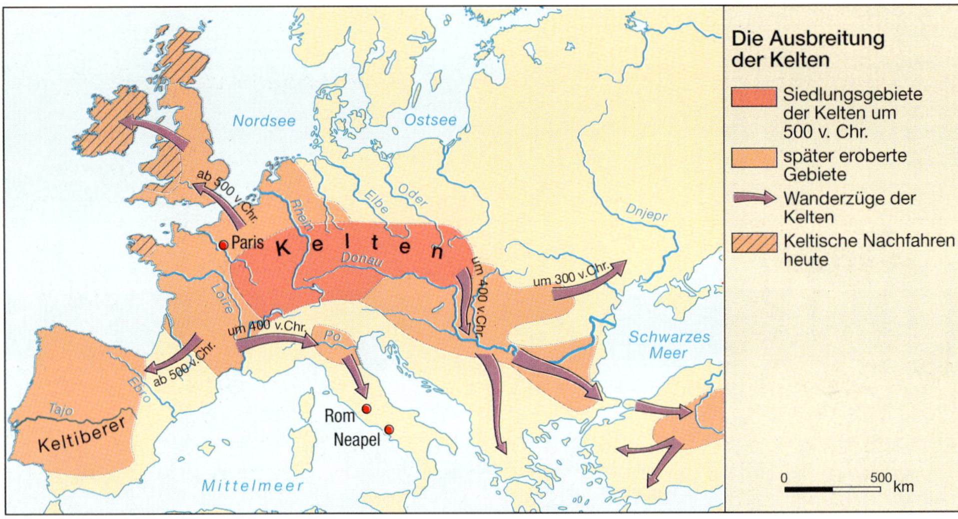


*Ob diese Aussagen wohl alle richtig sind? Sieh dir die Karte genau an. Überlege: Was stimmt oder was ist erfunden? Ordne nach richtig ☺ und falsch ☹.*

1 Der Hauptsiedlungsraum der Kelten war Italien. ☺24 ☹3

2 Paris wurde von den Kelten gegründet. ☺17 ☹14

3 Heute gibt es noch etwa 1,5 Millionen Menschen, die keltische Sprachen verstehen. ☺14 ☹4

4 In Irland haben sich keltische Sprache und Bräuche gehalten. ☺4 ☹20

5 Die Kelten betrieben regen Handel mit den Römern und anderen Nachbarn. ☺20 ☹18

6 Es gab neben Tauschhandel auch Münzen als Zahlungsmittel. ☺18 ☹10

7 Keltische Überreste gibt es nicht nur in Wales, Schottland, sondern auch in Holland. ☺13 ☹24

8 Die Kelten wanderten durch Europa bis nach Kleinasien. ☺10 ☹19

9 Keltische und germanische Sprachen (zum Beispiel das Englische) sind sich sehr ähnlich. ☺19 ☹13

10 Die Kelten benutzten nur Steinwaffen. ☺3 ☹19

11 Sie bestatteten ihre Fürsten in Hügelgräbern. ☺9 ☹23

12 Asterix der Gallier ist ein Kelte. ☺23 ☹17

# Ein keltisches Fürstengrab

*Wie du siehst, wurden die Keltenfürsten wirklich fürstlich bestattet. Die abgebildete Grabkammer ist ungefähr 25 m² groß (Wie groß ist dein Zimmer?). Der beigesetzte Fürst starb etwa vierzigjährig und war 1,83 m groß. Ein richtiger Riese für seine Zeit! Sieh dir seine Grabkammer an und ordne die passenden Bezeichnungen zu.*

13 Holzbohlenwand

14 Schutzschicht aus Stein

15 Balkendecke

16 Totenbett aus Bronze

17 Köcher (für Pfeile)

18 Schuhe mit Goldbeschlag

19 Schmuckgürtel mit Dolch

20 Trinkhörner

21 Bronzekessel

22 Prunkwagen

23 Speichenrad (mit Eisenbeschlag)

24 Bronzeteller

## Von der Heultuba zur E-Gitarre

*Musik haben die Menschen schon immer gern gemacht.*
*Aus den drei Grundarten von Musikinstrumenten – Schlag-, Blas- und Saiteninstrumente – haben sich viele verschiedene Instrumente entwickelt.*
*Ein schwieriger Fall für dich? Na, das Zuordnen wird schon klappen.*

1

2
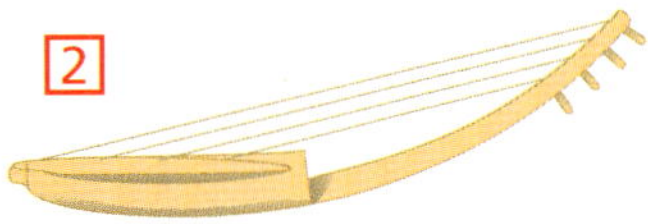

3

4
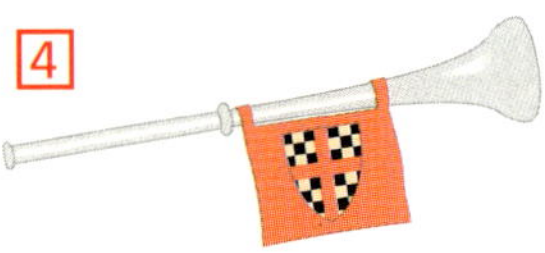

5

6
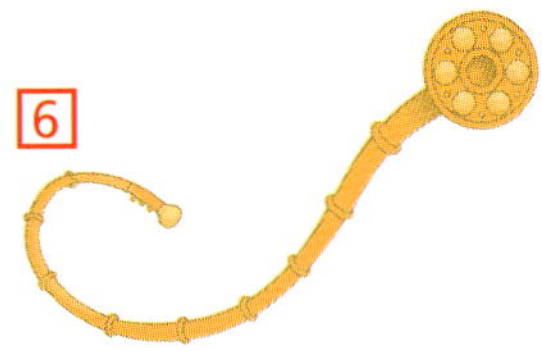

7

8
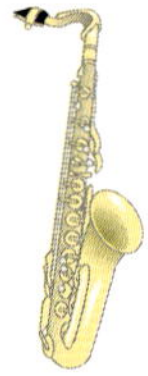

9

10
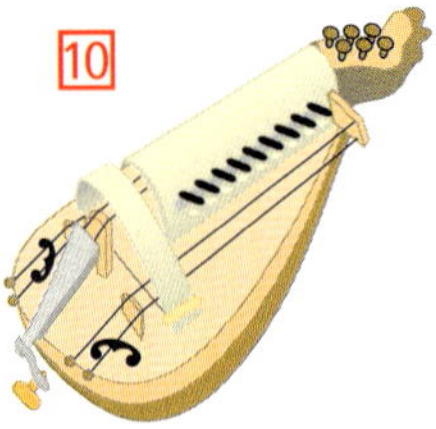

11

12
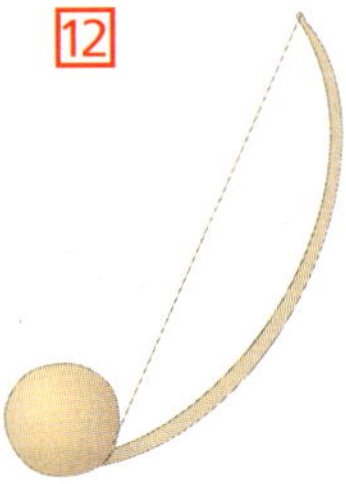

Schulterharfe (altes Ägypten) 24

Heultuba (Vorgeschichte) (Didgeridoo/Australien) 21

Saxophon (19. Jahrhundert) 14

Laute (Mittelalter) 18

E-Gitarre (20. Jahrhundert) 16

Fanfare (Mittelalter) 19

Schlagzeug (20. Jahrhundert) 13

Drehleier (Mittelalter) 15

Trommel (Jungsteinzeit) 20

Musikbogen (Vorgeschichte) (wahrscheinlich aus einem Schießbogen entstanden) 17

Griechische Lyra (Antike) 22

Lure (Bronzezeit) 23

## Von der Tontafel zum Schreibpapier

1 – 12
13 – 24

*Ein Fall für Knifflich: Ich nehme an, du hast davon gehört, dass Caesar ermordet wurde. Täter: Brutus, Tatzeit: Iden des März 53 n. Chr., Tatort: der Senat, Tatwaffe: ein Schreibgriffel! Sei ehrlich, das mit der Tatwaffe hättest du nicht vermutet, oder?*
*Von Steintafeln bis Tierhäuten dienten den Menschen recht unterschiedliche Schreibunterlagen. Finde zu jedem Bild die passende Beschriftung!*

13

Stein mit Runenritzung
12

14

Tontafel mit eingedrückter Keilschrift
8

15
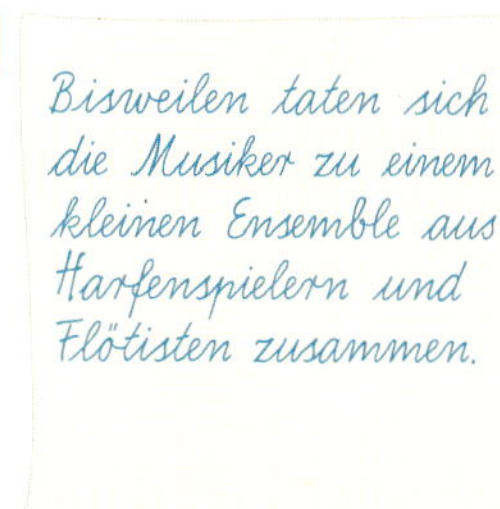


Pergament mit fränkischer Schrift
7

16

Papyrusrolle mit Hieroglyphen
6

17

Wachstafel mit griechischer Schrift
9

18

Papier mit lateinischer Schreibschrift
10

*Finde nun heraus, auf welchen Schreibunterlagen mit diesen „Schreibgeräten" die Schriftzeichen angebracht wurden!*

19 Dreikantgriffel aus Holz
20 Klinge aus Stein oder Metall
21 Gänsekielfeder
22 Füllfederhalter/Kugelschreiber
23 Schreibpinsel aus Schilfrohr
24 Knochen- oder Metallgriffel

Tontafeln 5 / Pergament 2
Papier 4 / Stein 2
Wachstafel 11 / Pergament 4
Papier 11 / Papyrusrolle 1
Papyrusrolle 1 / Tontafel 3
Wachstafel 3 / Stein 5

## Vom Faustkeil zur Fabrik

*Während es in der Altsteinzeit ein Universalwerkzeug gab, den Faustkeil, gibt es heute tausende. Lass uns an ein paar Beispielen sehen, was sich verändert hat. Was wurde wann eingesetzt oder wird heute noch benutzt? (Siehe Beispiel unten in der Lösungstabelle.)*

1

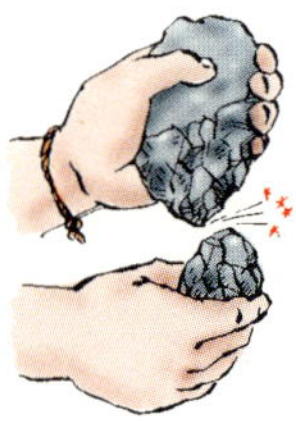

2

3

4

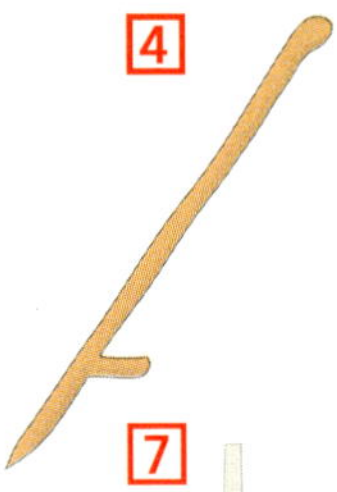

5

6

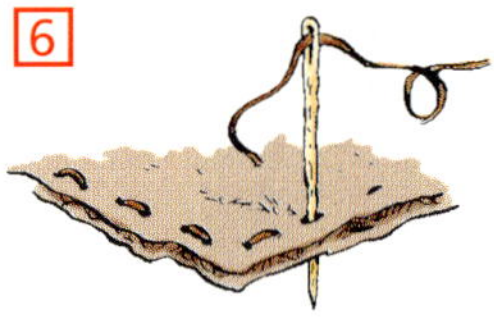

7

8

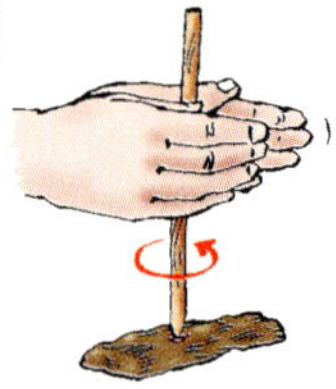

9

10

11

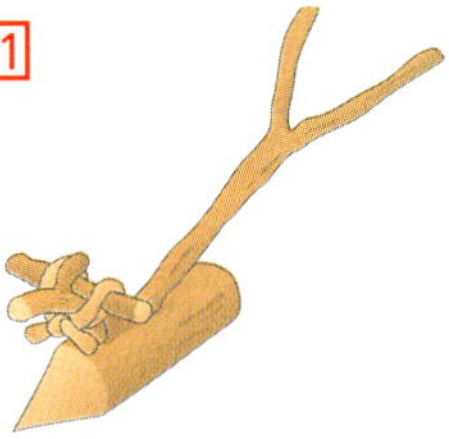

12

| | Altsteinzeit | Jungsteinzeit | Gegenwart |
|---|---|---|---|
| Ackerbau | 4 = 5 | 12 | 1 |
| Holzbearbeitung | 4 | 7 | 2 |
| Kleidung | 10 | 9 | 3 |
| Feuer | 6 | 11 | 8 |

## Erfindungen – Erfindungen – Erfindungen

13 – 24
1 – 12

*Eigentlich ganz schön clever, was sich die Menschen schon vor zigtausend Jahren ausgedacht haben. Rohrleitungen und Asphaltdecken zum Beispiel hat es in Indien schon vor etwa 4000 Jahren gegeben.*
*Hättest du das gedacht?*

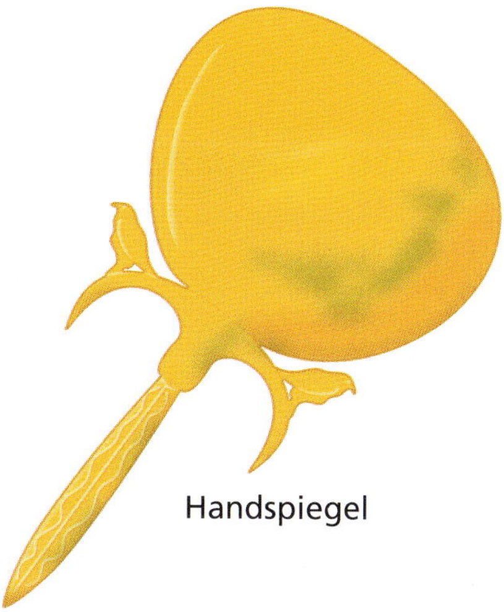

Handspiegel

Bastsandalen

*Du bekommst jetzt echte Tüftelaufgaben: Wann und wo gab es die ersten Gegenstände bereits? Es handelt sich in allen Fällen um die Zeit vor Christus.*

| | | |
|---|---|---|
| 13 Knochen-Nähnadeln | 18000 Kleinasien 17 | 11000 China 21 |
| 14 Bastsandalen | 7000 Nordamerika 21 | 3500 Ägypten 15 |
| 15 Bier | 100 Bayern 18 | 6000 Mesopotamien 13 |
| 16 Seife | 450 Rom 22 | 3000 Zweistromland 18 |
| 17 Spiegel | 2800 Ägypten 15 | 700 Griechenland 14 |
| 18 Hölzernes Wagenrad | 5000 Kleinasien 14 | 2000 Ägypten 16 |
| 19 Sonnenuhr | 2000 Babylon 16 | 3800 Rom 24 |
| 20 Wasserklosett | 2500 Mesopotamien 24 | 250 Rom 20 |
| 21 Flöte | 45000 Slowenien 20 | 1500 China 23 |
| 22 fahrbare Igelfigur | 5000 Athen 19 | 1500 Zweistromland 22 |
| 23 Badewanne | 3500 Knossos 23 | 700 Rom 17 |
| 24 Schweißtechnik | 500 Gallien (Kelten) 13 | 1500 Kleinasien 19 |

## Kniffeln mit Knifflich!

1 Das größere Gehirnvolumen hat der a) Jetztmensch 16 / b) Altmensch 7.
2 Die revolutionärste „Erfindung" der Altsteinzeit war der a) Pflug 2 / b) Faustkeil 5.
3 Ein Anthropologe befasst sich mit a) menschlichen Skeletten 16 / b) Münzen 4.
4 Die Herrscher im alten Ägypten nannte man a) Mumien 12 / b) Pharaonen 2.
5 Auf die Vor- und Frühgeschichte folgt das a) Mittelalter 17 / b) Altertum 4.
6 Die Menschen in der Altsteinzeit lebten a) von Viehzucht und Ackerbau 1 / b) vom Jagen und Sammeln 12.
7 Die älteste Waffe ist a) die Keule 17 / b) der Speer 15.
8 Die älteste bekannte Badewanne stand a) in einem Palast in Mesopotamien 3 / b) auf Kreta 1.
9 Die Kelten waren berühmt für ihre a) Schmiedekunst 15 / b) Schnitzkunst 14.
10 Hieroglyphen sind ägyptische a) Schriftzeichen 3 / b) Beamte 6.
11 Der Archäologe a) baut Pyramiden 19 / b) macht Ausgrabungen 14.
12 Die „Heultuba" ist ein a) vorgeschichtliches Blasinstrument 6 / b) neuzeitliches Tasteninstrument 11.
13 Asterix und Obelix sind a) Römer 22 / b) Kelten (aus Gallien!) 19.
14 Die Kelten bestatteten ihre Fürsten in a) Pyramiden 8 / b) Hügelgräbern 11.
15 Der Kalender wurde erfunden von den a) Ägyptern 22 / b) Kelten 23.
16 Die Ägypter schrieben auf a) Pergamentpapier 21 / b) Papyrusrollen 8.
17 Bronze ist eine Mischung aus a) Zinn und Kupfer 23 / b) Gold und Zinn 18.
18 Ein alter Suppenlöffel ist eine a) Textquelle 13 / b) Sachquelle 21.
19 Caesar wurde ermordet mit einem a) Schreibgriffel 18 / b) Bronzeschwert 9.
20 Das erste Haustier war a) der Hund 13 / b) das Schwein 24.
21 In der Jungsteinzeit lebten die Menschen in a) einem Dorf 9 / b) der Horde 20.
22 Die ersten großen Städte gab es a) im Mittelalter 10 / b) zur Zeit der frühen Hochkulturen 24.
23 Vor etwa 4 000 Jahren gab es in Indien bereits a) Asphaltdecken 20 / b) Daunendecken 7.
24 Kommissar Knifflich heißt mit Vornamen a) Knut 10 / b) Kurt 5.